Anas Bennani

Modélisation de système d'information:La méthode MERISE & Visual Basic

Anas Bennani

Modélisation de système d'information:La méthode MERISE & Visual Basic

La gestion d'une bibliothèque des CD

Éditions universitaires européennes

Impressum / Mentions légales

Bibliografische Information der Deutschen Nationalbibliothek: Die Deutsche Nationalbibliothek verzeichnet diese Publikation in der Deutschen Nationalbibliografie; detaillierte bibliografische Daten sind im Internet über http://dnb.d-nb.de abrufbar.

Alle in diesem Buch genannten Marken und Produktnamen unterliegen warenzeichen-, marken- oder patentrechtlichem Schutz bzw. sind Warenzeichen oder eingetragene Warenzeichen der jeweiligen Inhaber. Die Wiedergabe von Marken, Produktnamen, Gebrauchsnamen, Handelsnamen, Warenbezeichnungen u.s.w. in diesem Werk berechtigt auch ohne besondere Kennzeichnung nicht zu der Annahme, dass solche Namen im Sinne der Warenzeichen- und Markenschutzgesetzgebung als frei zu betrachten wären und daher von jedermann benutzt werden dürften.

Information bibliographique publiée par la Deutsche Nationalbibliothek: La Deutsche Nationalbibliothek inscrit cette publication à la Deutsche Nationalbibliografie; des données bibliographiques détaillées sont disponibles sur internet à l'adresse http://dnb.d-nb.de.

Toutes marques et noms de produits mentionnés dans ce livre demeurent sous la protection des marques, des marques déposées et des brevets, et sont des marques ou des marques déposées de leurs détenteurs respectifs. L'utilisation des marques, noms de produits, noms communs, noms commerciaux, descriptions de produits, etc, même sans qu'ils soient mentionnés de façon particulière dans ce livre ne signifie en aucune façon que ces noms peuvent être utilisés sans restriction à l'égard de la législation pour la protection des marques et des marques déposées et pourraient donc être utilisés par quiconque.

Coverbild / Photo de couverture: www.ingimage.com

Verlag / Editeur:
Éditions universitaires européennes
ist ein Imprint der / est une marque déposée de
OmniScriptum GmbH & Co. KG
Heinrich-Böcking-Str. 6-8, 66121 Saarbrücken, Deutschland / Allemagne
Email: info@editions-ue.com

Herstellung: siehe letzte Seite /
Impression: voir la dernière page
ISBN: 978-613-1-59318-5

A propos

Ce livre est un fruit de projet réalisé

Au sein de l'université Sidi Mohamed Ben Abdellah

Dans l'établissement de la Faculté des Sciences Dhar El Mehraz Fès.

Ce projet a été réalisé en quatrième semestre

Dans le cadre de la matière Projet Informatique

Durant l'année universitaire 2006-2007

De la filière Sciences Mathématiques et Informatique.

Dédicace

A mes Parents ;

A mon frère ;

A ma petite sœur ;

A ma grande famille ;

A toute personne qui m'a ouvert une porte de l'espoir

durant mon cursus estudiantin.

Je vous aime tous

Remerciement

Ce bouquin est un résultat d'un projet informatique réalisé en 2007 pour obtenir le Diplôme d'Etudes Universitaires Générales en Sciences Mathématiques et Informatique à la Faculté des Sciences Dhar El Mehraz Fès.

C'est la raison pour laquelle je tiens à exprimer ma profonde gratitude au professeur Noureddine CHENFOUR pour les moyens octroyés afin que ce projet se déroule dans les meilleures conditions. De même je tiens à exprimer tous mes remerciements aux professeurs ZINEDINE Ahmed et EL MOHAJIR Mohamed d'avoir m'enseigné les notions fondamentales de la base de données et des systèmes d'informations.

C'est une opportunité pour remercier mes professeurs de la faculté des sciences Dhar el mehraz Fès de 2005 à 2007 pour la qualité de la formation que j'ai bénéficiée. Je leurs remercie pour leurs sérieux et leurs respects de la mission de l'enseignement.

Je remercie aussi toute équipe administrative de la faculté pour les efforts fournis pour assurer une bonne gestion durant les différentes étapes de mon étude au sein de l'Université Sidi Mohamed Ben Abdellah.

Table des illustrations

Figure 1: Exemple 1 de MCD 15

Figure 2: Exemple 2 de MCD 15

Figure 3: Exemple 3 de MCD 17

Figure 4: Le Shémas LMD de projet 23

Figure 5: Fenêtre principale de projet 27

Figure 6: Interface Administrateur 28

Figure 7: Onglet de CD 29

Figure 8: Consultation de la liste des CD 30

Figure 9: Interface d'ajout d'un CD 32

Figure 10: Interface d'ajout de contenu d'un CD 33

Figure 11: Interface de suppression d'un CD 34

Figure 12: Interface de modification d'un CD 35

Figure 13: Interface de modification de contenu des fichiers 36

Figure 14: Onglet de l'interface de Client 37

Figure 15: Interface de saisie des renseignements de client 38

Figure 16: Interface Prêter des CD 39

Figure 17: Interface de la liste des Clients 40

Figure 18:Interface d'onglet de Recherche 41

Figure 19: Interface de recherche de nom de client 42

Figure 20: Interface d'un invité de consultation des CD 43

Figure 21: Interface d'un invité de la recherche des CD 44

Liste des tableaux

Tableau 1: Propriété et sa valeur 17

Tableau 2: Entité et son occurrence 17

Tableau 3: Association et son occurrence 17

Tableau 4: Type de variable de VB 26

Table des matières

Introduction 8

I.   La Méthode MERISE 10

  1.   Présentation 10

  2.   Niveau conceptuel 11

    2.1.   Entité 11

    2.2.   Relation 12

    2.3.   Identifiant 12

    2.4.   Cardinalité 12

    2.4.1.Cardinalité minimale 13

    2.4.2.Cardinalité maximale 14

    2.5.   Le concept d'occurrence 16

  3.   Niveau Logique 18

    3.1.   Clé Primaire 18

    3.2.   Clé Etrangère: 18

    3.3.   Clé Candidate 18

II.   La Conception de projet 19

  1.   Présentation 19

  2.   Entités et attributs 19

  3.   Relations et contraintes 20

  4.   Immigration vers le niveau logique 20

  5.   Création de la BD 21

    5.1   Le langage SQL 21

    5.2   Schémas LMD de projet 23

III. Le logiciel pour la création de projet : Visual Basic 24

1. Présentation de logiciel 24

2. Environnement de développement intégré (ide) 24

3. Exécution de premier programme 25

4. Types de variable : représentation mémoire 25

IV. Notre projet 27

1. Administrateur 28

1.1. Onglet CD 30

1.1.1. Liste des CD 30

1.1.2. Ajouter des CD 31

1.1.3. Supprimer un CD 34

1.1.4. Modifier les informations d'un CD 35

1.2. Onglet Client 37

1.2.1. Saisie des informations de client 38

1.2.2. Prêter 39

1.2.3. Liste des Clients 40

1.3. Onglet Recherche 41

2. Invité(e) 43

Conclusion 45

Bibliographie et Webographie 46

Introduction

Un système est un tout constitué d'éléments unis par des relations, leurs propriétés et des valeurs que peuvent prendre ces dernières, ainsi que son activité et l'organisation qui en découle.

Informatiser une gestion d'une bibliothèque de n'importe quel domaine est une simplification des tâches pour les usagers. Cette gestion leur offre plusieurs avantages permettant une recherche documentaire multicritère rapide et efficace voire une protection des données.

En outre le programmeur ; celui qui développe ce système ; doit avoir une bonne connaissance des notions essentielles en base de données, le langage SQL et aussi un logiciel de la création des interfaces comme Visual Basic 6.0.

La conception d'un système d'information n'est pas évidente car il faut réfléchir à l'ensemble de l'organisation que l'on doit mettre en place. La phase de conception nécessite des méthodes permettant de mettre en place un modèle sur lequel nous allons s'appuyer. La modélisation consiste à créer une représentation virtuelle d'une réalité de telle façon à faire ressortir les points auxquels nous nous intéressons.

Ce type de méthode est appelé analyse. La méthode que nous avons utilisée est la méthode MERISE.

La première partie de ce bouquin traite le côté de la Base de données et MERISE d'une manière générale en se rapportant sur des définitions les plus importantes.

La deuxième partie est consacrée pour déterminer la conception de notre projet, où nous avons créé les tableaux et ses relations avec le langage SQL.

La partie avant dernière sera dédiée pour introduire le logiciel Visual Basic 6.0 qui permet de créer les interfaces pour notre logiciel.

La dernière partie présente les différentes interfaces que nous avons réalisées avec le logiciel Visual Basic 6.0 ainsi l'explication de déroulement de notre logiciel.

I. La Méthode MERISE

1. Présentation

MERISE est une méthode de conception, de développement et de réalisation de projets informatiques. Le but de cette méthode est d'arriver à concevoir un système d'information. La méthode MERISE est basée sur la séparation des données et des traitements à effectuer en plusieurs modèles conceptuels et physiques.

La séparation des données et des traitements assure une longévité au modèle. En effet, l'agencement des données n'a pas à être souvent remanié, tandis que les traitements le sont plus fréquemment.

La méthode se compose de trois niveaux :

- Niveau conceptuel

Modèle Conceptuel des Données (MCD)
Modèle Conceptuel de Traitement (MCT)

- Niveau Logique

Modèle Logique des Données (MLD)
Modèle Organisationnel de Traitement (MOT)

- Niveau Physique

Modèle Physique des Données (MPD)
Modèle Physique de Traitement (MPT)

Dans cette analyse nous nous limitons à détailler le MCD dans le niveau conceptuel, MLD pour le niveau logique, ainsi le niveau physique dont nous parlerons sur l'application VB.

2. Niveau conceptuel

Le niveau conceptuel correspond à une formalisation de système d'information de toute contrainte d'organisation.

La formalisation des données, à ce niveau, constitue le Modèle Conceptuel de Donnée (MCD).

Le modèle conceptuel des données (MCD) a pour but d'écrire de façon formelle les données qui seront utilisées par le système d'information. Il s'agit donc d'une représentation des données, facilement compréhensible, permettant de décrire le système d'information à l'aide d'entités.

2.1. Entité

Une Entité représente un objet du système d'information, ou plus exactement un ensemble d'objets ayant les mêmes caractéristiques. Elle est aussi la représentation dans le système d'information d'un objet matériel ou immatériel de l'univers extérieur.

Dans une entité, on met les informations nécessaires et suffisantes pour caractériser cette entité. Ces données de base pour l'entité sont appelées PROPRIETES ou ATTRIBUTS.

La représentation des liens qui peuvent exister entre les entités donne un nouveau terme appelant une Relation.

2.2. Relation

Une Relation est la prise en charge par le SI du fait qu'il existe une association entre des objets de l'univers extérieur et prendra une association entre les entités précédentes.
Un identifiant est un ensemble de propriétés (une ou plusieurs) permettant de désigner une et une seule entité. La définition originale est la suivante :

2.3. Identifiant

L'identifiant est une propriété particulière d'un objet telle qu'il n'existe pas deux occurrences de cet objet pour lesquelles cette propriété pourrait prendre une même valeur.
Le modèle conceptuel des données propose de faire précéder d'un # les identifiants parfois ou de les souligner.

2.4. Cardinalité

Les cardinalités sont des couples de valeur que l'on trouve entre chaque entité et ses associations liées. Donc, pour une association de 2 entités, il y a 4 cardinalités à indiquer (2 de chaque côté).

Il y a trois valeurs typiques : 0, 1 et N (plusieurs).

Pour les associations à 2 entités, ce sont des valeurs qui permettent d'indiquer combien de fois au minimum et au maximum une occurrence d'entité peut être liée à une autre occurrence d'entité.

De manière plus générale, les cardinalités d'une entité dans une association expriment le nombre de fois qu'une occurrence de cette entité peut être impliquée dans une occurrence de l'association, au minimum et au maximum.

Les cardinalités traduisent des règles de gestion. Ce sont des règles propres à l'organisation étudiée, qui sont décidées par les gestionnaires et décideurs. Ces règles expriment des contraintes sur le modèle.

2.4.1. Cardinalité minimale

Elle est exprimée presque toujours par l'une des deux valeurs 0 ou 1.

On prend cet exemple : Pour la cardinalité minimale entre client et commander, il faut se poser la question :

Pour un client donné, combien de fois au minimum il commande ? Ou encore mieux : Est-il obligatoire qu'un client effectue une commande de produit ?

Pour répondre à cette question, Cela dépend des REGLES DE GESTION de l'entreprise.
Si la règle de gestion est « tout client doit passer au moins une commande sinon ce n'est pas un client » on met la cardinalité mini à 1.

Mais on peut très bien imaginer que l'entreprise veut aussi mémoriser les clients potentiels (prospects), qui n'ont encore rien commandé. Dans ce cas, un client peut très bien ne pas avoir encore commandé, et on met la cardinalité mini à 0.

En fait, les cardinalités dépendent des règles de gestion propres à l'organisation étudiée. La règle peut très bien être « On ne mémorise que les clients qui ont déjà commandé » ou bien «On veut mémoriser les prospects».

2.4.2. Cardinalité maximale

Elle traduit combien de fois au maximum une occurrence d'entité peut être en relation avec une occurrence de l'association. Cela peut être plusieurs fois (si c'est un nombre indéterminé, on indique la valeur n) ou une seule fois. Cette cardinalité répond à la question :

La participation d'une occurrence doit-elle être unique ou bien peut-elle être multiple ? Ou bien combien de fois au maximum une occurrence est elle impliquée dans l'association ? Si l'association est binaire (relie seulement deux entité), la question peut être aussi :

Une occurrence de l'entité peut-elle être reliée à plusieurs occurrences de l'autre entité ou bien ne peut-elle être reliée qu'à une seule autre occurrence au plus?

Si la réponse est « au plus une fois » (participation unique), la cardinalité maximale prend pour valeur 1.

Si la réponse est « plusieurs » (participation multiple), la cardinalité maximale prend la valeur
N.

En fait, dans la grande majorité des cas, on n'utilise que 4 combinaisons de valeurs pour les cardinalités.

> 0,1 au plus un(e)

> 1,1 un(e) et un(e) seul(e)

> 1,n un(e) ou plusieurs

> 0, n zéro ou plusieurs

On prend ces exemples suivants pour éclaircir d'avantages l'idée :

> RG : un client commande au moins 1 produit (sous entendu ou plusieurs) et un produit peut ne pas encore avoir été commandé, comme il peut l'avoir été plusieurs fois.

Figure 1: Exemple 1 de MCD

> RG : Un salarié est obligatoirement affecté à 1 et 1 seul service. Un service pour exister doit avoir au moins un salarié affecté (sous-entendu, il peut bien sur en avoir plusieurs).

Figure 2: Exemple 2 de MCD

15

2.5. Le concept d'occurrence

Il ne faut pas confondre :

- ➤ ENTITE et OCCURRENCE d'entité,
- ➤ ni PROPRIETE et VALEUR de propriété
- ➤ ni ASSOCIATION et OCCURRENCE d'association

Reprenons ces concepts

Une ENTITE est une FAMILLE d'objets ayant les mêmes caractéristiques, appelées propriétés.

Un MEMBRE de la famille est appelé OCCURRENCE d'entité. Une entité représente un ENSEMBLE d'OCCURRENCES.

Une PROPRIETE est une information élémentaire qui permet de décrire une entité ou une association. Une propriété peut prendre une VALEUR (c'est l'équivalent d'une variable).

(On peut dire qu'une VALEUR est une OCCURRENCE de PROPRIETE).

De même, une ASSOCIATION est un LIEN entre 2 entités ou plus, et une OCCURRENCE d'association est un lien entre 2 OCCURRENCES d'entités.

Exemple

Considérons le schéma suivant :

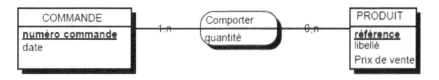

Les tableaux ci-dessous donnent des explications aux différentes notions qu'elles ont été déjà introduites :

PROPRIETE	VALEUR DE PROPRITE
Référence	359
Libellé	Manteau
Prix de vente	100 €

Tableau 1: Propriété et sa valeur

ENTITE	OCCURRENCE d'entité
PRODUIT	Manteau de référence 359 à 100 €
COMMANDE	Numéro 123, du 08/10/2007

Tableau 2: Entité et son occurrence

ASSOCIATION	OCCURRENCE d'association
CONCERNER	Lien entre la commande 123 et le manteau 359 pour une quantité de 3 unités

Tableau 3: Association et son occurrence

3. Niveau Logique

Dans l'état actuel de la technique, la structure des données représentée sous forme d'un MCD qui ne peut être portée sur un système informatique. Il convient donc à traduire le MCD en une structure transportable sur une machine, cette nouvelle structure est représentée sous forme d'un schéma de données appelé Modèle Logique de Données ou MLD.

Le modèle logique des données consiste à décrire la structure de donnée utilisée sans faire référence à un langage de programmation. Il s'agit donc de préciser le type de données utilisées lors des traitements.

Pour établir des relations entre les tables, nous avons besoin des clés. Nous distinguons trois sortes des clés :

3.1. Clé Primaire

Il s'agit de la clé qui assure l'unicité de l'occurrence. Elle est obligatoire.

3.2. Clé Etrangère:

Une propriété clé étrangère dans une table est clé primaire dans une autre table. Elle permet de faire la jointure entre les deux tables

3.3. Clé Candidate

Il s'agit d'un attribut qui n'est clé primaire de la table, mais dont on désire l'unicité de ses valeurs comme pour la clé primaire.

II.   La Conception de projet

1. Présentation

L'application que nous sommes entrains de présenter a un rôle de gérer une bibliothèque des CDS domicile ou d'un établissement. Elle permet d'ajouter des CDs, les supprimer de la bibliothèque, modifier leurs informations et aussi faire des recherches pour un bon choix de CD.

2. Entités et attributs

Puisque l'application s'agit de la bibliothèque des CDs, donc il faut choisir une entité nommée CD qui accepte comme attributs :

- Réf un identifiant qui désigne la référence du CD.
- Titre : Il précise l'intitulé de CD.
- Description : définissant le domaine du cd (culturel, comédie, documentaire,…)
- Taille_CD_Mo :Il s'agir de la taille réelle de CD.
- Nbre_CD déterminant le nombre de la collection.

Les CDs se composent des fichiers qui possèdent un nom, un type, un chemin dans la structure du CD, sa taille et Code_F comme un identifiant.

Nous pouvons ajouter aussi une entité du Client. Celui-ci Peut prêter les CD. Pour cela il est nécessaire de collecter des informations suffisantes sur lui. Les informations que nous allons utilisées dans ce projet sont : Le nom et le prénom de client, son numéro d la carte d'identité, son émail et son numéro de téléphone.

Pour modifier le contenu des CDs il faut que Le langage SQL (Structured Query Language) est un langage de 4 ème génération permettant la description, l'interrogation et la manipulation des données. Il s'agit d'un langage assertionnel, il n'est pas procédural. Ce langage est utilisé par la plupart des SGBD relationnels pour toutes interactions avec la base de données. L'utilisateur a un code, donc nous parlons de l'administrateur.

3. Relations et contraintes

Nous pouvons déterminer deux relations, une relation « Contenir » entre CD et Fichier. Pour l'effectuer nous ajoutons comme attribut dans la table Fichier Réf qui sera une clé étrangère qui fait référence à la table CD. Nous pouvons ajouter aussi une autre relation qu'elle s'agit de Prêter entre CD et Client, elle admet deux clés étrangères Réf et Code_C qui font référence par suite aux CD et Client.

Pour ce projet nous optons des règles suivantes :

- Un client peut prêter un ou plusieurs CD.
- Un CD contient un ou plusieurs CD.
- Un fichier doit être contenu dans un CD.

4. Immigration vers le niveau logique

Nous présentons dans cette partie les différentes tables de ce projet, Ces tables représentent les entités dans le niveau conceptuel.

- ➤ **CD (<u>Réf</u>**, Titre, Description, Taille_CD_Mo, Nbre_CD)
- ➤ **Fichier (<u>Code_F</u>**, Nom, Type, Chemin, Taille_F)
- ➤ **Client (<u>Code_C</u>**, Nom, Prénom, CIN, Tél, Email)

> **Administrateur (Code_admin, Nom, Prénom, Password)**
> **Prêter (Réf,Code_C, Date_prêt, Date_retour)**

5. Création de la BD

Nous utilisons le langage SQL afin de réaliser les tables et ses relations en se basant sur Microsoft Access comme un système de gestion de la base de données (SGBD).

Nous choisissons par la suite le logiciel Microsoft Visual Basic 6.0 pour gérer les différentes interfaces dans la partie application.

5.1 Le langage SQL

Les commandes SQL peuvent être classées dans deux familles :

- **Commande de définition des données :** les commande de cette catégorie (LDD : langage de Définition des données) permettent de créer, modifier et supprimer les objets de base de données (comme les tables).
  Les principales commandes de cette famille sont create, alter et drop.
- **Commandes de manipulation des** données : Les commandes de cette catégorie (LMD : Langage de Manipulation des Données) permettent de manipuler les données d'une base de données, à titre d'exemple, elles permettent d'insérer des enregistrements dans une table, de mettre à jour ou de supprimer des lignes.
  Les principales commandes de cette famille sont insert, select, update et delete.

21

Les commandes de ce langage réagissent sur les tables comme nous avions déclaré ci-dessus. Une table est une représentation d'une relation de la base de données à un instant donné. Les attributs de la relation et leurs domaines sont représentés respectivement par les colonnes de la table et leurs types de données, les tuples de la relation sont représentés par les lignes de la table.

Le LDD ne permettra de créer que le schéma de la table. Les données proprement dites sont manipulées par le LMD. Les différents champs (colonnes) contiennent des informations variées. Par exemple le titre de CD contient des champs de caractère qui est différent du champs Date_Prêt qui est de type date.
Certains champs peuvent rester vides (i.e. avoir des valeurs NULL) comme par exemple le champs Tél de la table Client qui peut être non disponible à un moment donné. D'autres doivent obligatoirement être non vide (NOT NULL), comme le cas du champs nom de client.
On doit aussi pouvoir indiquer un champ comme clé primaire comme Code_F de la table Fichier et Réf de la table CD.

Nous devons aussi pouvoir indiquer une clé étrangère pour les deux champs (Réf et Code_C) de la table Prêter

Les types de données les plus utilisés pour les champs d'une table sont : **Number (m,n), CHAR (n), VARCHAR (n), DATE, PRIMARY KEY.**

La syntaxe pour créer le schéma d'une table est la suivante :

create table nom_de_la_table (champ 1 type1, champ 2 type2, ...)

Un exemple d'instruction pour créer l'une des tables est le suivant :

Create table CD (Réf Number (100) PRIMARY KEY,

Titre VARCHAR (20), NOT NULL,

description VARCHAR (40),

Taille_CD_Mo Varchar (4),

Nbre_CD VARCHAR (3)) ;

5.2   Schémas LMD de projet

Voici le schéma de LMD résumant tout ce que nous avons dit.

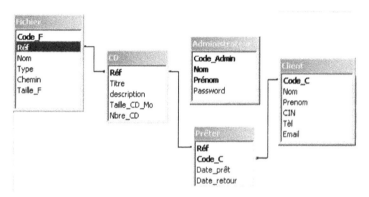

Figure 4: Le Shémas LMD de projet

III. Le logiciel pour la création de projet :Visual Basic

1. Présentation de logiciel

Le logiciel Visual Basic « VB 1.0 » a été introduit en 1991 par MicroSoft en se basant sur le langage Basic (Dartmouth College, New Hampshire,USA, 1964).

Il s'agit d'un langage de programmation événementielle dans lequel les programmes sont définis par leurs réactions à différents événements.

Ainsi, il permet la création aisée d'interfaces utilisateur graphique (GUI), l'accès aux bases de données, etc.

La dernière mise à jour est la version VB 6.0 sortie en 1998. A partir de la version 7.0, le langage évolue et il est qualifié de Visual Basic.net

Pour ce travail, nous avons utilisé la version VB 6.0

2. Environnement de développement intégré (ide)

Microsoft Visual Studio est un ensemble de logiciels de développement pour Windows permettant d'engendrer des applications Web ASP.NET, des services Web XML, des applications bureautiques, etc.

Les langages VB, Visual C++, Visual C#, etc. utilisent tous cet environnement intégré. Cet ide est disponible `a l'url : www.microsoft.com/visualstudio/

3. Exécution de premier programme

Cet exemple de programme affiche une interface qui présente : Bonjour le monde.

Module essai
Public Sub Main()
MsgBox ("Bonjour le monde")
End Sub
End Module

Voyons comment créer ce programme.

> Lancer l'environnement de développement VB ;
> Fichier → Nouveau projet → Application console ;
> Taper votre programme ;
> Générer (phase de compilation) ;
> Déboguer → démarrer (F5) ;

4. Types de variable : représentation mémoire

Les types suivants décrivent comment sont stockées — taille et codage — en mémoire les informations correspondantes.

Type	Taille en octet	Valeur
Boolean	2	Vrai ou Faux
Byte	1	255
SByte	1	-128....127
Char	2	0....65535
Date	8	01/01/100 ! 31/12/9999
Decimal	16	Entier ou décimal
Double	8	
Integer	4	$-2^{16}...2^{16}-1$
UInteger	4	$0...2^{31}-1$
Long	8	$-2^{32}...2^{32}-1$
ULong	8	$0...2^{64}-1$
Short	2	$-2^{8}...2^{8}-1$
UShort	2	$0....2^{16}-1$
Single	4	
String	Variable	
Structure	Variable	Suivant les membres
Object	4	Pointe sur tous types de données

Tableau 4: Type de variable de VB

IV. Notre projet

Nous détaillerons dans cette partie le fonctionnement de notre projet et nous mettons en évidence l'interface utilisée.

La fenêtre principale de ce projet est présentée comme suit :

Figure 5: Fenêtre principale de projet

Elle se constitue d'une image comme arrière plan se compose du nom de l'encadrant le professeur Noureddine Chenfour et le nom du réalisateur Anas BENNANI, et de deux boutons pour entrer dans l'espace de l'administrateur ou invité.

1. Administrateur

Lorsque vous cliquez sur le bouton, une fenêtre s'ouvre en demandant d'entrer le nom, prénom et le mot de passe de l'administrateur .les deux premiers champs ne sont que des clés primaires de la table administrateur pour garantir l'unicité d'accès. Apres vous cliquez sur le bouton go.

Figure 6: Interface Administrateur

Lorsque des renseignements de l'administrateur sont vérifiés, une autre fenêtre s'ouvre en indiquant le menu général de l'application où l'administrateur a le droit d'accéder à toutes les options concernant CD, Client et la Recherche.

Comme l'image suivante indique que l'administrateur peut consulter la liste des CDs, Ajouter, Supprimer et modifier ses enregistrement.

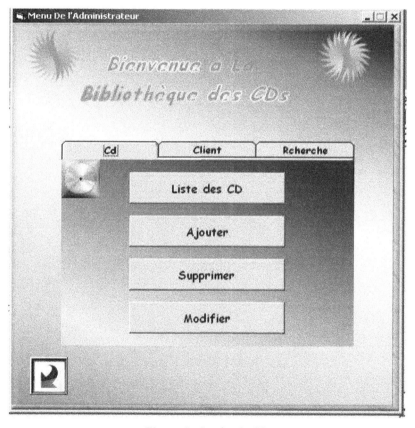

Figure 7: Onglet de CD

1.1.   Onglet CD

1.1.1.   Liste des CD

Les champs de texte où le contenu de la Base de Données apparaisse sont codés d'une manière à bloquer la modification. C'est une interface de consultation comme montre l'image ci-dessous.

Figure 8: Consultation de la liste des CD

Même l'administrateur ne peut pas surfer la liste des CD qu'en utilisant les deux boutons flèches de droite et de gauche.

1.1.2.   Ajouter des CD

Cette interface permet l'ajout des CD dans la base de données. Les champs convenables à la référence, taille et le nombre des cd sont programmés de façon d'admettre que les numéros. (Pas de lettre). Le 1 qui s'affiche (voir la figure ci après) apparaisse automatiquement dès le chargement de la feuille.

Figure 9: Interface d'ajout d'un CD

Lorsque vous saisissez tous les champs le bouton s'active pour enregistrer et saisir les fichiers comme le message en bas de l'image montre. Le clic sur ce bouton provoque l'ouverture d'une autre interface pour ajouter le contenu de CD.

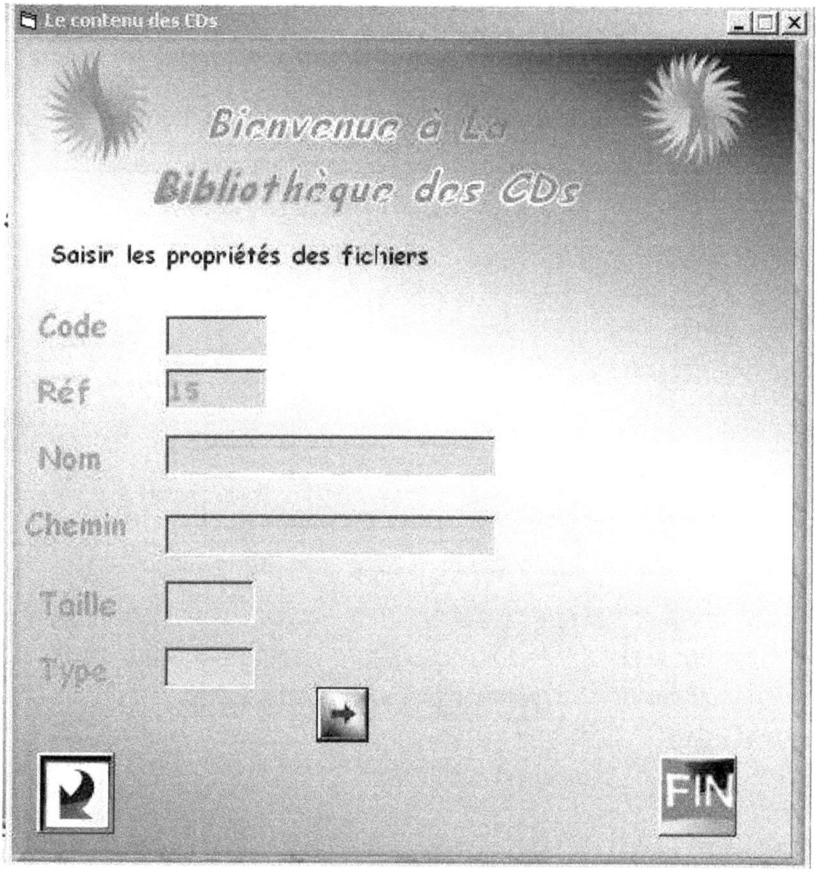

Figure 10: Interface d'ajout de contenu d'un CD

Vous pouvez saisir les renseignements des champs. Le numéro 15 qui est affiché désigne la référence du cd dont le fichier existe. Il se voit automatiquement. L'administrateur ne peut pas le modifier. Le bouton de la flèche permet d'enregistrer et saisir à nouveau un autre contenu du même CD ayant comme référence 15. Le bouton Fin pour retourner au menu.

1.1.3.   Supprimer un CD

Dans cette interface vous trouverez les Titres de tous les CDs. Lorsque vous cliquez sur le bouton Une boite de dialogue s'ouvre en confirmant la suppression.

Figure 11: Interface de suppression d'un CD

1.1.4.   Modifier les informations d'un CD

La modification consiste à changer le contenu de la BD.

Figure 12: Interface de modification d'un CD

Le bouton qui contient deux flèches est le responsable du changement, lorsque l'administrateur le clique, une boîte de confirmation s'ouvre comme l'image ci-dessous l'indique rappelant la confirmation de la modification.

Les deux boutons droits et gauches ont le rôle de parcourir la liste des CDs. Le bouton Fin pour revenir au menu de l'administrateur. Le bouton bas permet d'ouvrir l'interface de la modification des fichiers.

L'image suivante permet la modification le contenu des fichiers.

Figure 13: Interface de modification de contenu des fichiers

Les boutons gardent le même fonctionnement de la précédente.

1.2. Onglet Client

L'administrateur a le droit d'ajouter les clients, réaliser la relation prêter et consulter la liste des clients.

Figure 14: Onglet de l'interface de Client

1.2.1.   Saisie des informations de client

La fonctionnalité de cette interface comme montre l'image ci-dessous ressemble à celle de la liste des CDs.

La seule différence est que celle-ci est modifiable.

Figure 15: Interface de saisie des renseignements de client

1.2.2. Prêter

Cette option du prêt des CD est une opération essentielle, ça nous permet de bien organiser la gestion de stock des CD, et aussi ça nous permet de connaitre les personnes ou bien les clients qui ont emprunté des CD bien spécifiques.

L'image suivante présente l'interface qui assure le bon déroulement de cette opération.

Figure 16: Interface Prêter des CD

Le champ Code Client (clé primaire) contient tous les codes des clients existants. Le champ Réf (clé primaire) de CD possède les Références de tous les CDs.

Le clic sur le bouton valider déclenche un message box demandant toujours la confirmation.

1.2.3. Liste des Clients

L'interface de la liste des clients ressemble à celle de la liste des Clients. L'image suivante a pour objectif de montrer cette interface. A travers de cette interface nous pouvons parcourir tous les clients qui existent dans notre base de données.

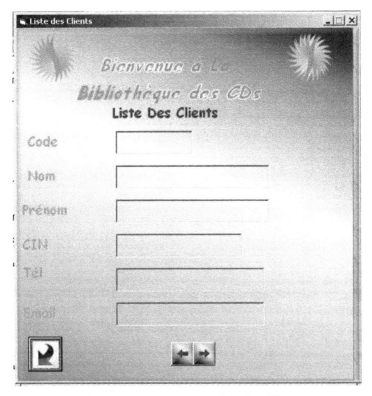

Figure 17: Interface de la liste des Clients

1.3.   Onglet Recherche

C'est la dernière utilité que l'administrateur puisse réaliser. Il peut faire des recherches sur un nom d'un client, d'un cd qui est déjà prêté et aussi sur les titres des CDs.

Le menu de la recherche est représenté comme suit :

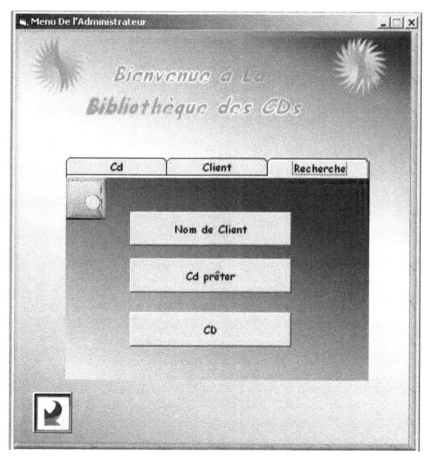

Figure 18:Interface d'onglet de Recherche

Pour les interfaces suivantes sont tous traitées de la même manière, pour cette raison je vais vous présenter que le fonctionnement du nom de client.

Figure 19: Interface de recherche de nom de client

Dès le chargement de La feuille de la recherche, l'administrateur trouve un text box de saisi et un bouton d'image d'une loupe Lorsqu'il le clique, une liste box s'ouvre en indiquant l'existence ou l'absence du mot.

La même chose se répète avec les deux autres recherches comme il & été précédé.

2. Invité(e)

'invité est une personne qui peut juste exploiter quelques fonctionnalités de notre logiciel. Il ne peut ni modifier, ni ajouter et ni supprimer n'importe quels enregistrements. Il n'a pas le droit de savoir aucune information sur les Clients. Son droit se limite juste à consulter la liste des Cds et chercher des fichiers bien déterminés.

Voici ci-dessous deux images montrant l'accès de l'invité. La première est dédiée pour la consultation des CD, et la deuxième image permet la recherche des informations sur des CD qui existent dans la base de données.

Figure 20: Interface d'un invité de consultation des CD

Figure 21: Interface d'un invité de la recherche des CD

Les interfaces qui s'ouvrent sont les mêmes que celles de l'administrateur.

Conclusion

Ce livre permet aux lecteurs de découvrir la méthode MERISE permettant d'analyser, de concevoir et de réaliser un système d'information. En feuilletant ce bouquin, le lecteur apprend les démarches de cette méthode et des clefs pour une bonne compréhension et une réalisation plus correcte de système d'information.

Ce bouquin introduit aussi quelques principes de Visual Basic 6 comme étant une interface homme machine. Notre projet a été réalisé via ce logiciel.

Certes, la gestion de n'importe quelle bibliothèque via un système d'information est un logiciel intéressant à programmer, Ce système donne une souplesse aux utilisateurs afin de trouver tous ce qu'ils veulent dans un temps réduit.

Pourtant les options multifonctionnelles offertes par Microsoft Visual Basic 6.0 restent étroites devant le succès progressif du langage Java. Les développeurs de ce langage préfèrent le nommer la technologie Java.

Bibliographie et Webographie

➢ « Le Polycopié de Langage Visual Basic 6.0 »
Auteur : Le Professeur : Noureddine CHENFOUR.

➢ « Le Polycopié de La Base de Données »
Auteur : Le Professeur : Ahmed ZINEDINE.

➢ « Le Polycopié du Système d'Information »
Auteur : Le Professeur : Mohammed El MOHAJIR.

➢ « Le cours Programmation structurée en Visual Basic »
Auteur : Le Professeur : Alexandre SEDOGLAVIC.

➢ « Le cours Méthode de MERISE »
Auteur : Le Professeur : Stephanie LAPORTE

➢ « Internet»
Site Web: http://www.commentcamarche.net

www.ingramcontent.com/pod-product-compliance
Lightning Source LLC
LaVergne TN
LVHW042351060326
832902LV00006B/532